Yoshoua Kasongo

Leitfaden für die Gründung einer NGO

Yoshoua Kasongo

Leitfaden für die Gründung einer NGO

ScienciaScripts

Imprint

Any brand names and product names mentioned in this book are subject to trademark, brand or patent protection and are trademarks or registered trademarks of their respective holders. The use of brand names, product names, common names, trade names, product descriptions etc. even without a particular marking in this work is in no way to be construed to mean that such names may be regarded as unrestricted in respect of trademark and brand protection legislation and could thus be used by anyone.

Cover image: www.ingimage.com

This book is a translation from the original published under ISBN 978-620-2-27710-5.

Publisher:
Sciencia Scripts
is a trademark of
Dodo Books Indian Ocean Ltd. and OmniScriptum S.R.L publishing group

120 High Road, East Finchley, London, N2 9ED, United Kingdom
Str. Armeneasca 28/1, office 1, Chisinau MD-2012, Republic of Moldova, Europe

ISBN: 978-620-5-87936-8

1. Präsentation

Die Entwicklungsdynamik fordert uns dringend heraus, und das trotz der komplexen Situationen, in denen wir leben, und unserer begrenzten Mittel. In der Tat sehnen sich viele Menschen nach humaneren Bedingungen in allen wesentlichen Aspekten des Lebens: wirtschaftlich, sozial, politisch, religiös etc. So dass es eine echte Entwicklung gibt, die der ganze Mensch (der gemeinschaftliche Mensch) anstrebt. Daher erfordert es eine Revolution der Mentalität und eine Überprüfung der bestehenden Politiken und Strukturen, um sie an die gemeinschaftlichen Erfordernisse des Zeitalters anzupassen. Der Weg zum Erfolg ist ein wahrer Hindernislauf, der in einem starken, bewussten und objektiven Zusammenschluss überwunden werden muss (Einigkeit macht stark, sagt man).

Das vorliegende Thema befasst sich mit dem Thema "Leitfaden für die Gründung (Gründung) einer NGO", wobei die Elemente, ohne die die Gründung einer NGO ungültig ist, klar untersucht werden sollen.

In dieser Arbeit wird der Ausdruck Leitfaden für

die Verfassung sowohl in einem weiten als auch in einem engen Sinne verstanden. Im engeren Sinne ist der Verfassungsratgeber ein gesetzlich vorgeschriebenes mechanisches Mittel, um ein bestimmtes Ziel zu erreichen.

Die Frage, die wir uns in Bezug auf eine NGO stellen können, ist die nach ihrer Organisation, ihrer Funktionsweise und genauer gesagt nach ihrer Verfassung.

In dieser Arbeit haben wir uns die Mühe gemacht, in der kongolesischen Gesetzgebung, dem Gesetz Nr. 004/2001 vom 20. Juli 2001 über allgemeine Bestimmungen für gemeinnützige Vereine und öffentliche Einrichtungen, die Elemente zu suchen, die bei der Gründung eines nichtstaatlichen Vereins eine Rolle spielen können. Wir haben uns mit einem sehr praktischen Thema befasst, und es war uns ein Anliegen, mehr als eine NGO zu konsultieren, um die Relevanz jedes einzelnen Elements zu kennen und zu verstehen. Dieses Thema ist in zweierlei Hinsicht von Interesse: Zum einen auf theoretischer Ebene, da das zu prüfende Thema die Krise, die die Verantwortlichen der NGOs in der Funktionsweise ihrer Vereinigungen erleben, ans

2

Tageslicht bringt, Auf der wissenschaftlichen Ebene war es unser Anliegen, den primären Willen des Verfassungsgebers im Hinblick auf das Gesetz Nr. 004/2001 vom 20. Juli 2001 über allgemeine Bestimmungen für gemeinnützige Vereine und öffentliche Einrichtungen zu erfassen, da es sich ansonsten um eine wissenschaftlich-juristische Analyse der einschlägigen Rechtsnormen handeln würde. Es war daher wichtig, die Öffentlichkeit im Allgemeinen und die Verantwortlichen der kongolesischen NGOs im Besonderen dafür zu sensibilisieren, die Anwendung der Spielregeln des genannten Gesetzes zu überwachen.

Die Elemente, die eine NGO ausmachen, sind im Wesentlichen durch den privaten Ursprung ihrer Gründung, die Freiwilligkeit ihrer Tätigkeit und den internationalen Charakter ihres Zwecks gekennzeichnet. In diesem Handbuch haben wir die Frage der wesentlichen Elemente für internationale NGOs nicht behandelt, da es sich hierbei um eine interne Realität handelt. Eine internationale NGO, d.h.

eine NGO mit einer bekannten und genau festgelegten Nationalität, muss nur eine Betriebs- und Niederlassungsgenehmigung bei der zuständigen Behörde beantragen, um ihre Aktivitäten in der DR Kongo aufnehmen zu können (Artikel 30 und 31 des Gesetzes 004).[1]

Die Verwaltung von NGOs in der DR Kongo ist heute ein komplexes Thema. Aus diesem Grund haben wir im Laufe des Buches unsere Beobachtungen und Kritiken eingebracht, die auf den alltäglichen Realitäten beruhen, denen unsere Organisationen begegnen. Die Komplexität dieses Problems liegt in erster Linie in der Mentalität und der fehlenden Vereinskultur der kongolesischen Bürger und in der Regierungschefin, da die Gesetze nicht ausreichend bekannt gemacht wurden.

2. Kurze Geschichte über NGOs

Internationale Nichtregierungsorganisationen haben eine Geschichte, die mindestens bis 1839 zurückreicht. Der Begriff Nichtregierungsorganisation wurde erst mit der Gründung der Vereinten Nationen 1945 in den allgemeinen Sprachgebrauch aufgenommen. Die Definition der internationalen NGO (INGO) wurde erstmals am 27. Februar 1950 gegeben: Sie wird definiert als "jede internationale Organisation, die nicht durch einen internationalen Vertrag begründet ist. Nichtregierungsorganisationen (NGOs) sind seit der zweiten Hälfte des 19. Jahrhunderts in internationalen Angelegenheiten vertreten.[2] NGOs haben unterschiedliche Handlungsweisen, was dazu führt, dass sie in mindestens zwei Typen eingeteilt werden. Einige sind in erster Linie Advocacy-Gruppen, wie z. B. RENAF oder HUMAN Right Watch.[3] Eine nicht unerhebliche Gruppe von NGOs verfolgt hingegen keine humanitären Ziele, sondern hat ideologische oder kommerzielle Ambitionen. Andere NGOs, die oft als humanitäre NGOs bezeichnet werden, führen

Hilfsprogramme durch, wie z. B. Bildungs- oder Wohltätigkeitsprogramme.

NGOs des letztgenannten Typs schließen sich je nach ihrem Einsatzbereich oder ihrer Besonderheit manchmal zu einem Kollektiv, einer Plattform oder einem Netzwerk zusammen. .[4]

Die Ursprünge der Solidaritätsaktionen liegen unter anderem in den christlichen Wohltätigkeitsorden des 5. Jahrhunderts, als das Christentum zur Staatsreligion wurde. Diese Aktionen gaben als Grund für die Zunahme ihres Reichtums die Hilfe für die ärmsten Bevölkerungsschichten an. Die Kirche wurde zu einem Wohltätigkeitsunternehmen. Krankenhäuser waren zu dieser Zeit eng mit der Religion verbunden, da sie von der Kirche gegründet und von Geistlichen betrieben wurden. Sie waren Teil des kirchlichen Vermögens und unterstanden daher der Autorität des Bischofs. Es wurden neue spezialisierte Orden gegründet, wie der Hospitalorden vom Heiligen Johannes, von Jerusalem, von Rhodos und von Malta. In den großen Handelsstädten entstanden auch weltliche Bruderschaften, die den Mitgliedern der Zünfte Hilfe leisteten .[5]

In der gleichen Linie und mit der Entwicklung der Städte wurden Hospize von reichen Laien gegründet, die nicht nur halfen, sondern auch ihren Besitz spendeten. Das bekannteste Hospiz ist wohl das vom Kanzler Rollin gegründete Hospiz von Beaune, dessen jährlicher Erlös aus der Versteigerung seiner Weinproduktion auch heute noch wohltätigen Zwecken zugutekommt.[6]

Kurzum, eine Gruppe humanitär gesinnter Menschen gründete eine Krankenkasse auf Gegenseitigkeit, die sich im Laufe der Zeit zu einem national und international bekannten Unternehmen entwickelte, das den Bürgern der Welt viele Möglichkeiten und Glücksmomente bot.

3. Erstes Land und erste NGO

Die Vereinigten Staaten schickten in diesem Jahr Hilfsgüter nach Venezuela, das durch ein Erdbeben fast zerstört worden war, und nach Irland, das von einer Hungersnot heimgesucht wurde. Diese von Naturkatastrophen heimgesuchten Gebiete wurden durch die Gräuel des griechischen Unabhängigkeitskrieges (1821-1830) in ein Gebiet militärischer Auseinandersetzungen verwandelt. In den romantischen Salons entstand eine Solidaritätsbewegung, der Philhellenismus, der den griechischen Aufständischen, die gegen die osmanische Besatzung kämpften, Geld und Kleidung schickte. Die erste NGO wurde jedoch zwischen 1854 und 1855 gegründet. Florence Nightingale, eine reiche Britin und berühmte Krankenschwester, stellte medizinische Teams zusammen, die im Krimkrieg (1853 und 1856), im amerikanischen Bürgerkrieg (1861-1865) und in Frankreich während des Krieges von 18707 eingesetzt wurden.

Einige Jahre später gründete Henri Dunant, ein Schweizer Humanist und Geschäftsmann, der von den Schrecken der Schlacht von Solferino am 24. Juni 1859 betroffen war, diese private Wohltätigkeitsorganisation, die durch ein rotes Kreuz symbolisiert wurde und später den Namen annahm, den wir heute kennen .[8]

8

Es ist anzumerken, dass, auch wenn die Menschheit derzeit eine Vielzahl von NGOs kennt, das Land und die ersten NGOs noch westlich sind.

4. NGOs im 20. Jahrhundert

Der Zweite Weltkrieg verstärkte die Gründung neuer Wohltätigkeitsorganisationen (z. B. Oxfam Uk im Jahr 1942 und Care USA im Jahr 1945). Während des Biafra-Krieges (1967-1970) alarmierte ein Brief, in dem der "Völkermord" und die "Todeslager" angeprangert und die französischen und internationalen Delegationen der Untätigkeit beschuldigt wurden, die Öffentlichkeit und stellte das Konzept der Neutralität der NGOs in Frage. Mitglieder des Roten Kreuzes beschließen, eine medizinische Nothilfeorganisation zu gründen, die freier in Wort und Tat ist: die Groupe d'intervention médico-chirurgicale d'urgence (GIMCU). Dies ist der Beginn der french doctors .[9]

Im Zuge der Krise in Bangladesch (1970) wurde ein Aufruf an französische Ärzte gerichtet, was zur Gründung der französischen medizinischen Nothilfe führte, der sich die Mitglieder der GIMCU anschlossen. Aus dem Zusammenschluss dieser beiden Gruppen junger Praktiker

9

entstand MSF .[10]

In den 1980er Jahren entstand eine neue Welle von NGOs: Action contre la Faim (Aktion gegen den Hunger) und International Medical Assistance (Internationale Medizinische Hilfe) im Jahr 1978, Handicap International im Jahr 1982. Die soziale Vorstellung des Arztes, der in großen Katastrophengebieten tätig ist, wird nach und nach durch bescheidenere Figuren bereichert. Zu den Ärzten und Krankenpflegern gesellen sich immer häufiger Freiwillige, die zwar keine Vorkenntnisse haben, aber einen unbändigen Willen. Diese jungen, engagierten Freiwilligen werden als "Logistiker" oder einfach als "Alleskönner" bezeichnet.

5. Entstehung und Leben des Begriffs "NGO".

Der Begriff "NGO" taucht zum ersten Mal offiziell in Kapitel 10 Artikel 71 der Charta der Vereinten Nationen von 1945 auf, in einer Reihe von Bestimmungen, die dem Wirtschafts- und Sozialrat (ECOSOC) gewidmet sind und nicht Teil einer Regierung sind. Ein halbes Jahrhundert später, in einer Resolution vom 25. Juli 1995, gibt der ECOSOC eine Definition des Begriffs. Demnach ist eine NGO "eine Organisation, die nicht von einer staatlichen Stelle oder durch ein zwischenstaatliches Abkommen gegründet wurde, auch wenn sie von Behörden ernannte Mitglieder aufnimmt, vorausgesetzt, dass diese die Meinungsfreiheit nicht beeinträchtigen. Ihre finanziellen Mittel müssen hauptsächlich aus Mitgliedsbeiträgen stammen. Alle direkt von einer Regierung erhaltenen finanziellen Zuwendungen müssen den Vereinten Nationen gemeldet werden.

Zu Beginn des 21. Jahrhunderts werden Nichtregierungsorganisationen (NGOs) üblicherweise als Organisationen definiert, die sich für das öffentliche Interesse einsetzen und weder dem Staat noch einer internationalen Institution unterstehen. Der Begriff wird für nicht gewinnorientierte Institutionen verwendet, die sich aus privaten Mitteln finanzieren. Da ihre Beziehung zum Staat und zu den Mächten recht zweideutig ist, erscheint es logischer, sich auf NGOs mit einem Begriff zu beziehen, der diesen ungewöhnlichen Status nicht direkt ins Spiel bringt. Diese beiden Bezeichnungen scheinen dem Status der NGOs besser gerecht zu werden, da sie alle Arten von Vereinigungen umfassen, die im Bereich der internationalen Solidarität tätig sind.

6. Sind NGOs identisch?

Der Begriff NGO umfasst verschiedene Einheiten, die sich in ihrer Tätigkeit und Größe unterscheiden. Daher ist es zunächst wichtig, NGOs von anderen nichtstaatlichen internationalen Akteuren wie Kirchen, Sportverbänden oder internationalen Gewerkschaftsverbänden zu unterscheiden. Wenn man die Größe in Betracht zieht, kann man zwei Familien von NGOs unterscheiden: sehr große NGOs wie Amnesty International, Médecin du Monde oder Oxfam, die über große Personal- und Haushaltsressourcen verfügen, und Mikrostrukturen, die oft lokal tätig sind, wie GICHD, ASAC, CAELE, SADECU usw., die nur über geringe Mittel verfügen und einen kleineren geografischen Aktionsradius haben. Diese beiden Familien interagieren in zahlreichen Projekten miteinander, um finanzielle und personelle Mittel sowie das Wissen über den lokalen Sektor zu bündeln.

NGOs können sich auch durch ihre Aktionen unterscheiden, die sich meist aus Werten und Grundprinzipien ableiten. In der Landschaft der humanitären Hilfe kann man auf unpolitische und areligiöse NGOs treffen, die eine Neutralität ihrer Aktionen garantieren (das Internationale Rote Kreuz), aber auch auf NGOs, die auf spirituellen Werten basieren (Islamischer Notruf, Katholischer Notruf). Bevor Krisen und Konflikte immer komplexer wurden, konnte man auch vier große NGO-Familien nach ihren Spezialisierungen unterscheiden: humanitäre Nothilfe (z. B. Ärzte ohne Grenzen oder Ärzte der Welt), Umweltorganisationen (z. B. Ausstieg aus der Atomenergie), Menschenrechtsorganisationen (z. B. Amnesty International, ATD Vierte Welt) und Entwicklungsorganisationen, mit denen sie ähnliche Aktivitäten teilen. Menschenrechts-NGOs und Umweltschützer kämpfen auch gemeinsam mit Entwicklungshelfern und Entwicklungspolitikern.[11]

Der identitätsstiftende Charakter der NGOs hat sich deutlich verändert, die heutigen NGOs sind, wie man sagen kann, zu Chamäleon-NGOs geworden, d.h. sie gestalten ihre Interventionen so, wie es ihr Umfeld vorgibt und/oder wie es den zu verteidigenden Interessen entspricht.

7. Aufschwung für NGOs aus dem Süden und Osten

Die in der Mitte des 20. Jahrhunderts weit verbreitete Hilfe von Staat zu Staat wird zunehmend durch eine Beziehung zwischen internationalen Staaten/Geldgebern und lokalen Strukturen ersetzt. Mit dem Aufschwung des Konzepts der verantwortungsvollen Staatsführung und der Zivilgesellschaften in den Ländern des Südens und Ostens entstanden diese lokalen Organisationen, die meist als NGOs des Südens oder Ostens bezeichnet werden. Die meisten dieser Strukturen haben keine transnationalen Aktivitäten und arbeiten hauptsächlich auf lokaler Ebene. Große internationale Geber wie ECHO (Büro für humanitäre Hilfe der Europäischen Kommission), die Vereinten Nationen oder die Weltbank übertragen die Verantwortung für die Durchführung ihrer Projekte häufig an NGOs aus dem Norden, die mit diesen NGOs aus dem Süden oder Osten zusammenarbeiten. Die Staaten tolerieren die Existenz dieser lokalen NGOs unter der Bedingung, dass sie keine allzu große Streitmacht haben, da sie auf lokaler Ebene das Fehlen staatlicher Strukturen ausgleichen, indem sie Hilfs- und Solidaritätsaktionen durchführen, wie z. B. in den Bereichen Bildung, Gesundheit oder Umzug .[12]

NGOs aus Schwellenländern wie China, Indien und Brasilien tauchen auf der humanitären Bühne auf, und im Gegensatz zu den lokalen NGOs aus fragilen Ländern internationalisieren sie sich. Brasilianische NGOs finden sich in Angola und indische NGOs am Horn von Afrika. NGOs aus dem Norden haben Schwierigkeiten, Zugang zu bestimmten Gebieten zu erhalten, wie z. B. in Indien, wo ihnen der Zugang verweigert wird, da die lokalen NGOs die gleiche Arbeit leisten können .[13]

Das Missverständnis und die Abweichung vom Kernbegriff der NGO ist der Grund für die Verzögerung des Aufschwungs afrikanischer NGOs im Allgemeinen und kongolesischer NGOs im Besonderen.

8. Begriff und Definition

Eine NGO ist eine zivilgesellschaftliche, gemeinnützige oder humanitäre Organisation, die weder von einem Staat noch von einer internationalen Institution abhängig ist. Eine NGO entscheidet selbstständig über die von ihr durchgeführten Maßnahmen. Ihre Mitglieder sind freiwillige Helfer. Ihre Ressourcen stammen aus öffentlichen oder privaten Mitteln. NGOs können in Form von Nothilfemaßnahmen tätig werden, um gefährdeten Bevölkerungsgruppen bei Naturkatastrophen, Kriegen, Fluchtbewegungen, Epidemien usw. zu helfen. NGOs führen auch längerfristige, weniger medienwirksame Entwicklungshilfeprogramme durch: Bildung, Gesundheit, Wasserversorgung, Armutsbekämpfung, Menschenrechte.

Eine gemeinnützige Nichtregierungsorganisation (NGO) ist eine Gruppe freiwilliger Bürger, die auf lokaler, nationaler oder internationaler Ebene organisiert ist. NGOs erfüllen eine Vielzahl humanitärer Dienste und Aufgaben, wie z. B.: Bürgeranliegen an die Regierungen herantragen, politische Maßnahmen überwachen und vor allem die Beteiligung der Gemeinschaft am sozialen Wohlergehen der Bevölkerung fördern.

Eine NGO ist ebenfalls eine juristische Person, aber keine Regierung, die auf nationaler und internationaler Ebene tätig wird. Internationale Rechtsbeziehungen sind traditionelle Beziehungen nur zwischen Staaten (oder zwischen der Regierung). Man kann sogar das Internationale Komitee vom Roten Kreuz (IKRK) als Vorläufer der NGOs bezeichnen. Der Ausdruck "Nichtregierungsorganisation (NGO)" tauchte 1945 im internationalen Wortschatz auf. Dasselbe gilt für Nichtregierungsorganisationen, die auch als internationale Solidaritätsorganisationen oder -verbände (ISO oder ASI) bezeichnet werden.

Der Begriff "NGO" umfasst eine sehr breite Palette von Organisationen unterschiedlicher Art, und es gibt keine genaue und allgemein akzeptierte Definition dessen, was dieser Begriff bedeutet. Es gibt keine einheitliche rechtliche Definition in den verschiedenen NORD-Ländern, und eine kürzlich durchgeführte Studie zeigt, dass es sehr schwierig wäre, eine gemeinsame Definition zu finden[14] Die Ziele, die NGOs verfolgen, können wirtschaftlicher, sozialer, erzieherischer, kultureller, religiöser usw. Art sein.

Das Gesetz Nr.º 004/2001 vom 20. Juli 2001 über allgemeine Bestimmungen für gemeinnützige Vereine und Einrichtungen definiert eine Nichtregierungsorganisation (NGO) nicht, da es zunächst in Artikel 35 festlegt: "Als Nichtregierungsorganisation (NGO) gilt ein gemeinnütziger Verein mit eigener Rechtspersönlichkeit, dessen Ziel die soziale, kulturelle und wirtschaftliche Entwicklung der lokalen Gemeinschaften ist.

In Artikel 36 des Gesetzes heißt es: "Um bei dem für den Tätigkeitsbereich zuständigen Ministerium registriert zu werden, muss die Organisation folgende Bedingungen erfüllen:

- Die Bestimmungen von Artikel 4 dieses Gesetzes

einhalten (dieser Artikel behandelt die Bedingungen, unter denen die Schülerinnen und Schüler die Schule besuchen dürfen).

(siehe Artikel 4 des Gesetzes über die Gründung von Vereinigungen);

- von humanitären Bedenken geleitet sein ;
- in ihrer Satzung die im Rahmen der nationalen Entwicklungspolitik gewählten Interventionsbereiche umschreiben.

Das Gesetz definiert nicht, was eine NGO ist, sondern nennt lediglich die Merkmale einer NGO und das Verfahren, um als solche anerkannt zu werden. In Anbetracht dieser beiden Bestimmungen können wir eine NGO nach Zeit und Raum definieren. Zeit, weil sich die NGO nach den Bedürfnissen der Umstände und damit der Zeit definieren muss; Raum, weil jede Gesellschaft ihre eigenen Realitäten kennt. Die NGO wird also nach dem von der Regierung festgelegten Entwicklungsprogramm definiert.

So ist es das Ziel des Vereins, die nachhaltige menschliche Entwicklung durch verschiedene Aktionen zu fördern, die auf der Bekämpfung von Anti-Werten und Armut

in all ihren Formen basieren .[15]

Eine Nichtregierungsorganisation ist eine Vereinigung oder Organisation, die bei der zuständigen Behörde ordnungsgemäß angemeldet ist, deren Satzung von der Empfängergemeinschaft akzeptiert wird, die nicht gewinnorientiert ist und deren Ziel es ist, im Interesse der Bevölkerung zu arbeiten und durch karitative Maßnahmen zur nachhaltigen Entwicklung beizutragen.

9. Rolle einer NGO

Die Frage nach der Rolle der NGOs hängt mit mehreren Faktoren zusammen, wie z.B. der Frage der Finanzierung, der Transparenz, aber auch ihrer immer systematischer werdenden Mediatisierung. In der Tat spielen NGOs im neuen Staatsverständnis zusätzlich die Rolle eines Partners und eines Kanals, über den eine Bevölkerungsgruppe ihre Ansprüche geltend machen kann.NGOs wurden insbesondere seit Anfang der 1990er Jahre zu ernsthaften Gesprächspartnern und Partnern bestimmter NORD-Regierungen bei den großen internationalen Konferenzen über soziale Entwicklung und nachhaltige Entwicklung. Einige von ihnen haben eine große Fähigkeit entwickelt,

Gutachten, Berichte und Analysen zu erstellen, was ihre Glaubwürdigkeit erheblich gestärkt hat .[16]

Derzeit besteht die Rolle der NGO darin, die Gruppe, deren Interessen sie vertritt, in Bewegung (Musik) zu setzen, um die Ziele der gemeinschaftlichen und nachhaltigen Entwicklung zu erreichen, die Probleme zu identifizieren, die den Menschen stören, und Lösungen vorzuschlagen, indem sie den Menschen in die Lösung seiner eigenen Schwierigkeiten einbezieht. Dies wird durch das Gesetz Nr. 004/2001 bestätigt, das Folgendes vorsieht: Nichtregierungsorganisationen müssen die freiwillige Beteiligung der Basisgemeinschaften an der Festlegung und Umsetzung von Entwicklungsmaßnahmen, die sie betreffen, fördern (Artikel 43 des Gesetzes).

10. Bewertung einer NGO

Nach dem einschlägigen kongolesischen Gesetz ist die Evaluierung der Aktivitäten einer NGO eine Pflicht. So heißt es: "Ohne dass ihre Autonomie beeinträchtigt wird, übermitteln die Nichtregierungsorganisationen in regelmäßigen Abständen ihren Tätigkeitsbericht zur physischen Evaluierung an den Minister, der für die

Regierung zuständig ist, und an den Minister, der für den Tätigkeitsbereich zuständig ist, in dem sie tätig sind...". Artikel 45 des Gesetzes.

Generell müssen NGOs Rechenschaft darüber ablegen, über welche Gelder sie verfügen und wie sie diese verwenden. Aus Gründen der Transparenz müssen sie erklären, wie diese Finanzen aufgeteilt und für welche Zwecke sie verwendet werden. Jeder Fall ist einzigartig.

Private Gelder, die durch einen Aufruf zur Großzügigkeit der Öffentlichkeit auf nationaler und internationaler Ebene gesammelt werden, werden von den zu diesem Zweck eingerichteten staatlichen Institutionen kontrolliert. Zu diesen Kontrollen kommt noch die des Rechnungsprüfers hinzu. Je nach Höhe der erhaltenen Zuschüsse, der Anzahl der Beschäftigten oder der Höhe der gesammelten privaten Gelder ist seine Bestellung für fast alle NGOs obligatorisch.

All diese Fragen, die die Finanzierung und Transparenz von NGOs betreffen, lassen sich hinter der Problematik der Bewertung von NGOs zusammenfassen. Wie kann man Organisationen bewerten, für die es schwierig ist, eine gemeinsame Definition zu finden. Dennoch musste wohl oder übel ein Weg gefunden werden, um festzustellen, ob die Hilfe für die Opfer von Naturkatastrophen und anderen Katastrophen angemessen ist oder ob die angewandte Methode in Frage gestellt werden muss. Man darf nicht vergessen, dass die Evaluierung humanitärer Praktiken ein Mittel ist, um deren Wirksamkeit, Relevanz und Nachhaltigkeit zu belegen. NGOs können je nach Fall intern (durch die Strukturen der Organisation) und extern (durch staatliche Strukturen, Geldgeber und damit beauftragte private Organisationen) evaluiert werden.

Denn die Bewertung ist eng mit den zu erreichenden Ergebnissen, den Leistungen der Organisation und den dafür bereitgestellten Mitteln verbunden. So führt jede Evaluation zu "Vorschlägen", wie das System demnächst verbessert werden kann.

KAPITEL I. ONG UND VERWANDTE BEGRIFFE

Es werden einige Begriffe behandelt, die mit denen von NGOs vergleichbar sind, darunter :

- **NGO und Verein ;**

Eine NGO ist eine private, nicht gewinnorientierte Vereinigung, deren Ziel es ist, im Interesse der Bevölkerung zu arbeiten. Eine Vereinigung hingegen ist ein Mosaik aus Vereinbarungen zwischen einer oder mehreren Personen, sie ist entweder gewinnorientiert oder nicht gewinnorientiert.

- **NGOs und NPOs ;**

Eine NGO ist ein Modell für gemeinnützige Organisationen, während ein gemeinnütziger Verein eine Gesamtheit darstellt, die das Bestreben der öffentlichen Hand verkörpert, den Privatsektor aufwerten zu können.

- **NGOs und Kirche ;**

NGOs und Kirchen sind allesamt gemeinnützige Vereine mit dem großen Unterschied, dass eine NGO das Ergebnis wissenschaftlicher Überlegungen ist, die auf der körperlichen Arbeit jedes ihrer Mitglieder beruhen, während eine Kirche das Produkt von Glauben und Ritual ist, indem sie Menschen mit derselben religiösen und spirituellen Ideologie zusammenbringt.

- **NGOs und Mutualität ;**

Eine NGO ist ein Zusammenschluss von großen Organisationen, während eine Mutualität eine Gruppe von Personen ist, die oft Stammes-, Volks- oder Berufsinteressen vertritt. Eine NGO kann mehrere Gegenseitigkeitsgesellschaften umfassen, während eine Gegenseitigkeitsgesellschaft eine bestimmte Gruppe von Jens vertritt.

- **NGO und politische Partei ;**

Eine NGO ist ein Verein, der eine Welt unterstützt, in der private Interessen und Aktivitäten in ihrer Gesamtheit garantiert werden, während eine politische Partei nur das Ziel hat, politische Macht zu erringen und zu erhalten.

- **NGO und Institution**

Eine NGO ist das Ergebnis der Verpflichtung der menschlichen Gemeinschaft, die Regierung in ihrem Kampf gegen Armut und Untugenden aller Art zu unterstützen, während eine Institution ein Begriff aus dem Verfassungsrecht ist, der die logische Zergliederung des politischen Regimes in einem Staat mit Leben erfüllt.

- **NGOs und Zivilgesellschaft**

Eine NGO ist ein winziges Teilchen, das Teil der Zivilgesellschaft ist. Die Zivilgesellschaft wird als die Gesamtheit der Zivilbevölkerung betrachtet, die keine zwingenden Mittel hat, um ihre Rechte einzufordern und durchzusetzen. Die Zivilgesellschaft ist die Gesamtheit aller gesellschaftlichen Kräfte (NGOs, Kirchen, Stiftungen, Gegenseitigkeitsgesellschaften, Gewerkschaften usw.).

- **NGO und Stiftung**

Eine NGO ist ein Werk der Gemeinschaft als Ganzes, während eine Stiftung eine Referenzorganisation ist oder zum Gedenken an eine verstorbene Persönlichkeit von großem Ansehen gegründet wurde.

Beispiel: die MANDELA-Stiftung.

- **NGOs und RASTA**

RASTA ist eine politische und ideologische Vereinigung mit dem Ziel, das Erbe der afrikanischen Tradition nach der Kolonialisierung zu schützen (RASTA: bedeutet Versammlung der Afrikaner für die afrikanische Tradition).

- **NGOs und NGDOs ;**

Eine NGOD ist eine systematische Entwicklung

von NGOs, die auf nachhaltige Entwicklung abzielt, eine NGOD bezieht sich auf Entwicklungs-NGOs.

- **NGOs und IKRK;**

In seiner traditionellen Rolle als humanitärer Interventionist scheint das IKRK der Vorläufer der NGOs zu sein, doch seine Übernahme durch das System der Vereinten Nationen hat ihm den Charakter einer NGO im klassischen Sinne genommen.

- **NGO und CLUB ;**

Eine NGO hat keine Grenzen, sie ist zu einem Thema der internationalen Beziehungen geworden, während ein Club auf Grenzen beschränkt ist.

- **NGO und Gewerkschaft ;**

Eine NGO kann bei der Verfolgung ihrer Ziele die Interessen einer Gewerkschaft oder einer Gruppe von Gewerkschaften vertreten, aber die Rolle einer Gewerkschaft beschränkt sich auf die Verteidigung der beruflichen und wirtschaftlichen Interessen ihrer Mitglieder (Angestellte, Arbeiter, Führungskräfte, Arbeitgeber...). Die Gewerkschaft setzt sich für die Durchsetzung von Forderungen in Bezug auf Löhne, Arbeitsbeiträge und Sozialleistungen ein.

Dies sind die Elemente oder Ressourcen, ohne die die Gründung einer als NGO bezeichneten Vereinigung nicht möglich ist. Ilyena drei Ressourcen sind:

- Menschliches Element ;
- Materielles Element ;
- Finanzielles Element.

1. Menschliches Element

Die menschlichen Ressourcen, sie sind am wichtigsten, denn selbst bei kleinen Entwicklungsprojekten kann kein Projekt verwirklicht werden, wenn die Bevölkerung nicht den Willen hat, ihre Probleme selbst zu lösen, wenn sie nicht durch Arbeit an der Verwirklichung ihres Projekts mitwirkt, wenn die Anführer nicht die Initiative ergreifen und die Bevölkerung organisieren, wenn es keine technisch und verwaltungstechnisch versierten Personen gibt .[17]

Mit anderen Worten: Die Humanressourcen sind für die Zukunft einer Organisation von entscheidender Bedeutung, da sie die Grundvoraussetzung für die Gründung einer NGO sind. Aus diesem Grund muss bei der Gründung einer NGO einerseits eine seriöse und korrekte Auswahl und

Prüfung der Eigenschaften der Personen erfolgen, die in den Gründungsprozess einbezogen werden sollen, und andererseits müssen konsequente Vorschläge und Anregungen gemacht werden, die die effektive Umsetzung der NGO ermöglichen.

Wahl und Kriterium
a) Die Wahl

Wie in allen privaten Unternehmen ist die Auswahl ein wichtiges und entscheidendes Mittel für den Aufbau des Unternehmens. So müssen auch NGOs in ihrer Gründungsphase eine objektive Wahl treffen, ohne Gefühle für die Menschen um uns herum. Es geht darum, in der Person den Willen und den Geist zu finden, sich für die Entwicklung aufzuopfern, oder zumindest die Möglichkeit, sich für andere aufzuopfern. Der Gründer einer NGO muss sich auf die Auswahl der richtigen Personen konzentrieren.

b) Die Kriterien

Ein NGO-Promotor muss vor der Gründung einer NGO eine Reihe von Kriterien für die Qualität der Personen aufstellen, die er in seine Organisation aufnehmen möchte, z. B. eine Person, die ihre Gemeinschaft liebt, einen

Massenführer, eine engagierte Person, und vor allem müssen in den meisten Fällen widerstrebende Personen aufgenommen werden, um die Gruppe zu diversifizieren und/oder heterogener zu machen.

Das Kriterium scheint uns das einzige Mittel zu sein, mit dem der Gründer einer NGO seine Wette erfolgreich abschließen kann.

Vorschlag und Anregung

a) **Vorschlag**

Die Vorschläge können zahlreich sein, z. B. die Wahl auf ehemalige Kameraden, Dienstkollegen, Familienmitglieder und in den meisten Fällen auch auf Mitglieder der Religionsgemeinschaft zu richten... Dies sind Vorschläge, die uns oft auf dem Weg zu dem, was wir im Herzen tragen, leiten.

b) **Vorschlag**

Unser Vorschlag scheint präzise zu sein, wie wir einen lebenslangen <u>Begleiter für</u> unsere

NGO. Es geht darum, alle Personen, die man für fähig hält, Teil seiner NGO zu werden, auf die Probe zu stellen, ihren

Willen auf die Probe zu stellen.

Um dies zu begründen, sind unserer Meinung nach zwei Arten von Prüfungen notwendig:

- Die Zeit, die eine Person benötigt, um über eine NGO zu sprechen ;

Zeit ist ein wesentliches Element beim Aufbau einer NGO. Jeder von uns wird sich die Zeit nehmen, die er braucht, um eine Sache zu verwirklichen, die seinem Herzen am Herzen liegt, um zu überleben.

- Debatte und Mittel ;

Ohne Debatte wird die Ausrichtung einer NGO niemals möglich sein. In diesem Sinne entsteht durch die Produktion mehrerer Vorschläge, die aus der Debatte hervorgehen, das Licht innerhalb der NGO, denn nur innovative und konsequente Ideen erzeugen die Energie, die für den Aufbau der Vereinigung notwendig ist. Der Einzelne kann auch, in dem Bestreben, dass seine Gemeinschaft aus den Schwierigkeiten, in denen sie sich befindet, herauskommt, seine Mittel für die Sache einsetzen.

gemeinde. Die betreffenden Mittel können finanzieller,

moralischer oder wissenschaftlicher Art sein..., das Mittel ist ein Weg und Pfad, auf dem die Ziele der Vereinigung erreicht werden sollen.

Kurz gesagt, Debatte und Mittel müssen von bestimmten Techniken der Annäherung begleitet werden, insbesondere: Sensibilisierung, Versammlungen, Foren, Reflexionsvormittage, Zeugenaussagen.

2. Hardware-Element

Dies ist die Umsetzung einer Reihe von Dokumenten und Handlungen, die das Gesetz für die Gründung eines Vereins vorschreibt.

Da die Tatsache dem Recht vorausgeht, wird das materielle Element wie folgt verstanden: einerseits die "faktische Existenz", d. h. die NGO existiert aufgrund des Willens ihrer Gründungsmitglieder ohne jegliche rechtliche Absicherung, und andererseits die "rechtliche Existenz", d. h. die NGO, die aufgrund des Willens ihrer Gründungsmitglieder existierte, hat nunmehr eine rechtliche Absicherung.

rechtliche und/oder gesetzliche Anerkennung im Hinblick auf Artikel 35 des Gesetzes .[18]

1. Faktische Existenz

Die faktische Existenz ist die Willensübereinstimmung der Mitglieder einer Vereinigung, zusammen leben zu wollen, indem sie :

a) Vereinssitz ist der Ort, an dem sich die Vereinsmitglieder darauf geeinigt haben, dass er die Vertretung ihrer NGO sein soll. Sie treffen sich dort und diskutieren über die Visionen und Aktionen, die sie für ihre Organisation unternehmen wollen.

b) Die Existenz einer NGO ist de facto gegeben, wenn die Satzung und die Geschäftsordnung des Vereins von den Gründungsmitgliedern des Vereins ausgearbeitet und angenommen wurden.

stellen den Antrag auf Partnerschaft und Zusammenarbeit, sobald diese Satzung und Geschäftsordnung von ihren Gründungsmitgliedern unterzeichnet wurde.

Die Inhalte der Satzung und der Geschäftsordnung :[19]

1. Die Satzung.
Unbeschadet der Bestimmungen von Artikel 7 des Gesetzes Nr. 004/2001 vom 20. Juli 2001 über allgemeine Bestimmungen für gemeinnützige Vereine und Einrichtungen; muss die Satzung eines Vereins, der als NGO bezeichnet wird, folgende Elemente enthalten:

- Kapitel I (Titel I). der Name, die Gründung, die Dauer, die Währung, der Sitz und, der Tätigkeitsbereich.
  Dieser erste Titel ermöglicht eine klare und präzise Identifizierung der Vereinigung (NGO).

- Kapitel II (Titel II). Der Zweck und die Ziele.

Es geht darum, den Zweck, zu dem die NGO gegründet wurde, klar zu formulieren und zu erläutern und die Ambitionen (Ziele), die zur Erreichung dieses Zwecks angestrebt werden, zu benennen.

Bsp.: Unser Ziel ist die Bekämpfung von Anti-Werten mit

den Zielen ,   Zentren zu schaffen

Alphabetisierungskurs,   Nachbarschaftsbibliothek,

Kulturzentrum ...

NB: Es ist besser, während der Ausarbeitung der Satzung einen viel weiter gefassten Gegenstand (Breaks) vorzusehen, um angesichts neuer Anforderungen oft verfrühte Änderungen der Satzung zu vermeiden.

- <u>Kapitel III (Titel III).</u> Bedingungen für den Beitritt oder den Austritt von Mitgliedern, Rechte und Pflichten der Mitglieder.

  Hier geht es darum, ein Verfahren vorzuschlagen, mit dem eine Person die Mitgliedschaft in einer Vereinigung (NGO) erwerben und verlieren kann, sowie um die Rechte und Pflichten der einzelnen Mitglieder der Vereinigung.

- <u>Kapitel IV (Titel IV).</u> Kategorien von Mitgliedern.

  Es geht um die Präzisierung oder Kategorisierung der Hierarchisierung der Mitglieder für die Rechenschaftspflicht der Aufgaben innerhalb der NGO.

  Bsp: Ehren- und/oder Unterstützungsmitglied, Vollmitglied und/oder aktives Mitglied, sympathisierendes und/oder nicht anschließendes

Mitglied, Gründungsmitglied...

- Kapitel V (Titel V). Organe, die mit der Verwaltung betraut sind (Vorstand, Lenkungsausschuss, Verwaltungsrat.).

Es geht darum, die Organe (die Ernannten), die mit der täglichen Verwaltung der NGO betraut sind, kurz zu beschreiben, ihre Aufgabe und Rolle einerseits und andererseits die Problematik des Mandats der Leiter der Organisationsstrukturen anzusprechen.

z. B. die Generalversammlung, der Vorstand oder der Verwaltungsrat, die Vertretungen der NGO (wenn es sich um eine NGO mit nationaler und internationaler Ausrichtung handelt) und andere notwendige Organe, die die NGO einrichtet, insbesondere die technischen Organe.

- Kapitel VI (Titel VI). Finanzen, Vermögen und Rechnungswesen.

Es geht darum, die Quellen der Finanzierung der NGO zu bestimmen, z. B. Verkauf von Mitgliedskarten, Monats- und Sonderbeiträge der Mitglieder, Spenden und Vermächtnisse, Verkauf von Produkten aus den

Aktivitäten der NGO, eventuelle Subventionen der öffentlichen Hand....

- <u>Kapitel VII (Titel VII).</u> Besondere Bestimmungen.

Es kann darum gehen, besondere Organe oder eine besondere Funktionsweise einzurichten, die in der normalen Funktionsweise oder den Organen der NGO nicht genannt werden. Es geht ganz einfach darum, parallele Bestimmungen einzuführen, die erhebliche Auswirkungen auf die normale Funktionsweise der NGO haben.

- <u>Kapitel VIII (Titel VIII).</u> Übergangsbestimmungen.

Es geht darum, die Vereinigung durch alle Krisen, Übergangs- und andere Zeiten hindurch zu führen.

- <u>Kapitel IX (Titel IX).</u> Schlussbestimmungen.

Die Art und Weise des Erlöschens der Vereinigung soll kurz beschrieben werden: von der Verwendung des Vermögens der NGO nach ihrer Auflösung durch ihre Mitglieder oder durch Gerichtsbeschluss, alle nicht in dieser Satzung vorgesehenen Bestimmungen werden durch eine Geschäftsordnung geregelt, die am Tag ihrer Unterzeichnung in Kraft tritt... Einerseits und andererseits Verfahren beschreiben, die bei der Änderung oder Ergänzung bestimmter Bestimmungen der Satzung und bei der Auflösung der Vereinigung zu befolgen sind. Der Kontext und das Quorum, in dem dies möglich ist, müssen klar festgelegt werden.

2. Die Hausordnung.

In den meisten Fällen ist eine Geschäftsordnung vorgesehen, um Angelegenheiten zu regeln, die in der Satzung nicht vorgesehen sind, und auch um das Disziplinarsystem zu organisieren.

NB: Die Geschäftsordnung ist nach dem Gesetz 004 nicht zwingend vorgeschrieben, sie wird jedoch erstellt, um Angelegenheiten zu regeln, die nicht in der Satzung vorgesehen sind.

c) Mitglieder sind die Gemeinschaft, die heterogene Gruppe, die sich über die Schwierigkeiten in ihrer Gemeinschaft und über Lösungen austauscht, die alle Mitglieder der Gemeinschaft einbeziehen. Es sind auch die Mitglieder der Gruppe, die sich für die Interessen der Gemeinschaft einsetzen.

d) Arbeitsinstrumente, eine NGO braucht für eine gute Verwaltungsführung, eine Reihe von Dokumenten einzurichten, um ihre Aufgabe gut zu erfüllen, so braucht sie :

Beitrittsformular. Es ist ein Dokument, mit dem eine

Person die Mitgliedschaft in einem Verein (die Aufnahme eines neuen Mitglieds in den Verein) erwerben kann ;[20]

- **Mitgliedskarte,**

Es ist ein Dokument, das der Öffentlichkeit belegt, wer einer Person die Mitgliedschaft in der Vereinigung zuerkennt;

- **Karteikarte für Mitgliedsbeiträge,**

Dies ist ein Dokument, das von der Verwaltung (meist der Schatzmeisterei) gehalten wird, um die täglichen, monatlichen, vierteljährlichen oder jährlichen Beiträge der Mitglieder entsprechend der vereinbarten Höhe einzuziehen.

- **Anwesenheitsliste ;**

Es ist ein Dokument, das die physische Anwesenheit eines Mitglieds in einer Sitzung oder am Arbeitsplatz, je nach Fall, belegt.

- **Faltblatt ;**

Das Faltblatt ist ein kleines Dokument, das in wenigen Zeilen die Satzung und die Geschäftsordnung des Vereins zusammenfasst und alle Adressen und Kommunikationsmittel des Vereins enthält. Es kann folgende

Angaben enthalten: die Vorstellung des Vereins, Zweck und Ziele, Nutznießer und Leistungen des Vereins, Ressourcen und Partner, Tätigkeitsbereich, Fotos...

- **Stellenlisten ;**

Dies ist die Beschreibung aller Positionen und für jede Zuweisung sollten detaillierte Erklärungen gegeben werden.

- **Kassenblatt (Kassenjournal) ;**

Es handelt sich um ein Dokument, das von der Kassenverwaltung aufbewahrt wird, um die Bewegungen der Ein- und Ausgänge der Kasse zu kontrollieren. Es ist ein Buchhaltungsdokument, das die Transparenz des Finanzsystems innerhalb des Vereins herstellt.

- **Bericht über die Aktivitäten,**

Sie kann täglich, wöchentlich, monatlich, vierteljährlich oder jährlich erstellt werden.

- **Foto- und Videoalbum ;**

Eine Sammlung von Fotos und anderen Bildern (Fotos und Videos in beachtlicher Qualität), die die Ereignisse des Vereins von seiner Gründung bis heute geprägt haben.

- **Kommunikationspostkarte ;**

Es handelt sich um eine öffentlich zugängliche und

aktualisierte Karteikarte (Visitenkarte), die E-Mail- und Telefonadressen der Organisation enthält.

Kurz gesagt, von allen Kommunikationsmitteln (sie kann durch den Flyer ersetzt werden).

- **Karteikarte für Außenkontakte ;**

Eine Liste mit den Namen, Adressen und Kontakten (Telefonnummern, E-Mail-Adressen und andere) von Organisationen, Partnern, Geldgebern, die mit Ihnen zusammenarbeiten oder mit Ihnen in Kontakt treten sollen.

- **Projektverzeichnis ;**

Es handelt sich um die Gesamtheit der Blätter, die Folgendes inventarisieren: das Projekt und den Begünstigten, den Ablauf eines Projekts in einem bestimmten Umfeld, das Projekt in der Entstehung und/oder Ausarbeitung, das durchgeführte und noch durchzuführende Projekt, kurzum, es ist eine Sammlung von Projekten mit sichtbaren und beträchtlichen Auswirkungen, die von der Organisation umgesetzt werden.

- **Register der Mitglieder**

Sie listet alle Mitglieder der NGO auf, mit Namen und Nachnamen, Wohnadresse, Funktion innerhalb der Organisation...

- **Kalender der Aktivitäten**

Es ist eine Karteikarte, die das Chronogramm der Aktivitäten der NGO detailliert beschreibt.

NB: Diese Liste der grundlegenden Elemente einer NGO ist nicht erschöpfend; die Organisation kann je nach den Umständen weitere Elemente schaffen.

e) Finanzierung sind die finanziellen Ressourcen einer NGO, um ihren Aktionsplan umzusetzen. Sie können intern oder extern sein. Interne Ressourcen werden als interne Ressourcen bezeichnet, wenn sie aus den Beiträgen der Vereinsmitglieder und verschiedenen in der Satzung vorgesehenen Quellen stammen.

f) Funktion und Tätigkeit, nach der Umsetzung ihrer Satzung und Geschäftsordnung kann eine NGO dann beginnen, so zu arbeiten, wie es in ihrer Satzung gewünscht und organisiert ist. Die NGO darf nur die in ihrer Satzung festgelegten Aktivitäten durchführen, um ihre Ziele zu verwirklichen.

2. Rechtliche Existenz und rechtliche Deckung

Die Anerkennung der NGO durch die zuständige Behörde aufgrund einer Reihe von gesetzlich vorgeschriebenen Elementen oder Dokumenten, d. h. die Einhaltung der einschlägigen Gesetze. Die rechtliche Existenz ist das Werk des Willens des Gesetzgebers (durch die zuständige Behörde).

Verfahren und erforderliche Dokumente

> Der Antrag auf Erlangung der Rechtspersönlichkeit wird in zweifacher Ausfertigung gegen Empfangsbestätigung an den Justizminister gerichtet, **der** von dem für den betreffenden Tätigkeitsbereich zuständigen Minister gedeckt wird, und ist von den Mitgliedern der Geschäftsführung zu unterzeichnen. Dem Antrag sind beizufügen

a) eine Liste mit den Namen, Nachnamen, Vornamen, dem Wohnsitz oder dem Aufenthaltsort aller Vollmitglieder der Vereinigung. Diese Liste wird von allen Vollmitgliedern, die mit der Verwaltung oder Leitung der Vereinigung betraut werden sollen, unterschrieben;

b) eine von der Mehrheit der Vollmitglieder

unterzeichnete Erklärung, in der die Namen, Berufe und Wohnsitze derjenigen angegeben sind, die in irgendeiner Funktion mit der Verwaltung oder Leitung der Vereinigung betraut sind;

c) die notariell beglaubigte Satzung des Vereins, die von allen Vollmitgliedern, die mit der Verwaltung oder Leitung des Vereins betraut sind, ordnungsgemäß unterzeichnet wurde;

d) Führungszeugnisse aller Vollmitglieder, die mit der Verwaltung oder Leitung des Vereins betraut sind;

e) eine Erklärung über die von der Vereinigung zur Erreichung ihres Ziels vorgesehenen Mittel. Diese Erklärung muss am Ende oder zu Beginn jedes Halbjahres erneuert werden, andernfalls findet Artikel 19 Anwendung.

Dieser Antrag wird von allen Vollmitgliedern, die mit der Verwaltung oder Leitung der Vereinigung betraut sind, unterschrieben Artikel 4 des Gesetzes 004/2001. Neben dieser Bestimmung fügt das Gesetz hinzu

Der Antrag auf Zuerkennung der

Rechtspersönlichkeit, der von den mit der Verwaltung oder Leitung der Vereinigung betrauten Vollmitgliedern ordnungsgemäß unterzeichnet ist, wird in zweifacher Ausfertigung gegen Empfangsbestätigung an den Justizminister gerichtet, der von dem für den betreffenden Tätigkeitsbereich zuständigen Minister abgedeckt wird. Der Antrag muss mit einem Artikel des Gesetzes versehen sein.

Eine Nichtregierungsorganisation (NGO) ist ein gemeinnütziger Verein mit eigener Rechtspersönlichkeit, dessen Ziel die soziale, kulturelle und wirtschaftliche Entwicklung der lokalen Gemeinschaften ist, Artikel 35 des Gesetzes.

Um bei dem für den betreffenden Tätigkeitsbereich zuständigen Ministerium registriert zu werden, muss die Organisation die folgenden Bedingungen erfüllen:

- sich an die Bestimmungen des obigen Artikels 4 halten,
- von humanitären Anliegen beseelt sein,
- in ihrer Satzung die im Rahmen der nationalen Politik der wirtschaftlichen, sozialen und kulturellen Entwicklung gewählten Interventionsbereiche

umschreiben, Artikel 36 des Gesetzes 004/2001

- **Erforderliche Dokumente,**

Unbeschadet der Bestimmungen der Artikel 4, 35 und 36; um die Dinge klarzustellen. Die folgenden Dokumente sind erforderlich:

Notarielle Satzung[21] .

Die Satzung wird als notariell beurkundet bezeichnet, wenn der Wille von Einzelpersonen (Vereinsmitgliedern), zusammenleben zu wollen, in einer öffentlichen Urkunde der zuständigen Verwaltungsbehörde (notarielle Urkunde) zum Ausdruck kommt.

- **Erklärung der Ressourcen.**

Dies ist eine Karteikarte, die namentlich und genau die Quellen nennt, aus denen die NGO ihre Mittel bezieht.

- **Zeugnis über gutes Benehmen, Leben und Sitten.**

Es handelt sich um ein gesetzlich vorgeschriebenes Dokument, das von jedem Vollmitglied der Geschäftsführung der Vereinigung verlangt wird.

- **Karteikarte der Mitglieder, die mit der Verwaltung betraut sind.**

Dies ist eine gesetzlich vorgeschriebene Liste mit

den Identitäten, Anschriften, Eigenschaften und Funktionen der Mitglieder, die mit der Leitung des Vereins betraut sind.

- **Karteikarte der Vollmitglieder**.

Dies ist eine gesetzlich vorgeschriebene Liste, die die Identitäten, Adressen, Qualitäten, Funktionen und Unterschriften von

die Gesamtheit der Vollmitglieder der Vereinigung. Siehe Artikel 6 des Gesetzes 004/2001.

- **Genehmigung für Betrieb und Niederlassung**.

Dies sind Dokumente oder Identifikations- und Funktionsblätter, die von der kommunalen Verwaltungsbehörde, in der die NRO angesiedelt ist, ausgestellt werden.

NB: Bevor die NGO ihre Rechtspersönlichkeit verliert, kann sie das **F92** erhalten, das für in Kinshasa eingetragene NGOs vom Justizministerium ausgestellt wird (Artikel 5 Absatz 1). Für NGOs, die in der Provinz registriert sind, ist der Gouverneur die zuständige Behörde für die Ausstellung der vorläufigen Betriebsgenehmigung, Artikel 5 Absatz 2 des Gesetzes Nr. 004/2001.

- **Zulassungsschreiben und/oder positive Stellungnahme**.[22]

Bis zur Erlangung der Rechtspersönlichkeit gilt die positive Stellungnahme des Ministers, der für den betreffenden Tätigkeitsbereich zuständig ist, als vorläufige Betriebsgenehmigung...

Die vorläufige Genehmigung hat eine Gültigkeitsdauer von sechs Monaten; nach Ablauf dieser Frist soll die Rechtspersönlichkeit verliehen werden. In diesem Fall ist der Justizminister verpflichtet, den Beschluss über die Verleihung der Rechtspersönlichkeit innerhalb eines Monats auszustellen. Artikel 5 des Gesetzes.

Die positive Stellungnahmeist eine rechtmäßige Anerkennung einer NGO durch das Ministerium, auf das sich die Aktivitäten der NGO beziehen. Die Anerkennung erfolgt durch das zuständige Ministerium und begründet Rechte und Pflichten zwischen den Parteien.

3. Finanzielles Element
Finanzielle Mittel sind eine Selbstverständlichkeit bei der Gründung und dem Überleben einer NGO. Ohne dieses Element wird man in naher Zukunft nie wieder von Ihrer Organisation sprechen. Eine NGO ist wie ein Unternehmen, sie

braucht ein großes Budget, um zu funktionieren, obwohl ihre Mittel in der Regel aus Mitgliedsbeiträgen und manchmal aus Spenden und Vermächtnissen stammen, die sie von Regierungen und privaten Organisationen erhalten können. Eine NGO benötigt also finanzielle Mittel, um andere, weitaus größere NGOs zu gründen.

Im Rahmen der Gründung von NGOs muss das finanzielle Element folgende Aspekte umfassen:

i. Die Haushaltsvorschau
Das ist die Gesamtheit der Geldbeträge, die einerseits von der Organisation selbst mobilisiert werden und mobilisierbar sind und andererseits von Geldgebern beantragt werden.

Der Haushaltsvoranschlag enthält die zu realisierenden Aktivitäten, den Zeitpunkt, den Ort und den dafür vorgesehenen Betrag. Der Haushaltsplan ist ein Dokument, das die Wahrheit und/oder die Realität bei der Umsetzung des Aktionsplans der NGO widerspiegelt.

ii. Reale und durchführbare Aktivitäten
Nichtregierungsorganisationen informieren den zuständigen Minister über ihre Entwicklungsaktivitäten, die

durchzuführenden Projekte und die zu ihrer Durchführung mobilisierten Finanzmittel, Artikel 44 des Gesetzes 004/2001.

Die tatsächlichen und durchführbaren Aktivitäten einer NGO sind Aktivitäten, die unter den Aktionsplan der Organisation fallen. Sie werden inhaltlich (die Inhalte der durchzuführenden Aktivitäten sind in erster Linie in der Satzung der Organisation festgelegt) von allen Mitgliedern und auch von externen Personen, die zu diesem Zweck eingeladen werden (Experten...), diskutiert.

Es handelt sich dabei um Aktivitäten, die einerseits aus der Realität der Basisgemeinschaft hervorgehen und andererseits die Mitglieder dieser Gemeinschaft aktiv an der Gestaltung ihrer Aktivitäten beteiligen.

Ihre Aktivitäten werden als wahrhaftig bezeichnet, weil sie den greifbaren Willen offenbaren. Denn diese Wahrheit an sich muss die Realität des Umfelds widerspiegeln, in dem die Vereinigung ihre Interessen vertritt.

Aktivitäten sind durchführbar, wenn sie nach einer Prüfung durch die Gruppenmitglieder und Experten nicht nur aufgrund der dafür bereitgestellten finanziellen Mittel, sondern auch und vor allem durch die "Entschlossenheit" der begünstigten Gemeinschaft, die sich die Aktivitäten zu eigen macht, realisiert werden können.

Reale und durchführbare Aktivitäten: Baum des Verständnisses

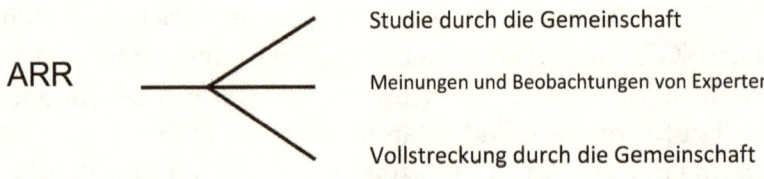

ARR
- Studie durch die Gemeinschaft
- Meinungen und Beobachtungen von Experten
- Vollstreckung durch die Gemeinschaft

iii. Finanzierungsquellen

Dies sind die Ressourcen, die die betroffenen Bevölkerungsgruppen, die NGO besitzen und bereitstellen können. Diese müssen jedoch durch Mobilisierung verfügbar gemacht werden.

Die wichtigste Voraussetzung für den Erfolg eines Kleinprojekts ist das Ausmaß der mobilisierten internen Ressourcen. Daran zeigt sich der Wille der Bevölkerung, ihr Problem selbst zu lösen und sich nicht von anderen abhängig zu machen .[23]

Die Finanzierungsquellen stammen nämlich aus den Ressourcen, die von der Gruppe bestimmt wurden, um die Materialisierung des empfohlenen Projekts zu unterstützen.

Diese Finanzierungsquellen werden zunächst und vor allem in der Gründungsurkunde des Vereins (Satzung) genannt und/oder festgelegt.

50

Die Mittel des Vereins stammen aus: Monats- und Sonderbeiträgen seiner Mitglieder, verschiedenen sozialen Aktivitäten, die den Zielen des Vereins entsprechen, Schenkungen und Vermächtnissen, eventuellen Subventionen der öffentlichen Hand; Artikel 5 der Satzung der Centrale d'initiatives pour le Développement Humain Durable, abgekürzt CIDHD, eingetragen unter° F.92/21659.[24]

Kurz gesagt: Alle Aktivitäten einer NGO müssen einerseits durch interne Finanzierungsquellen, die von den Mitgliedern der Organisation zu diesem Zweck mobilisiert werden, und andererseits durch externe Quellen (Geldgeber) realisierbar sein, die die Organisation in diesem Fall als subsidiäre, nicht obligatorische Hilfe zur Umsetzung eines Projekts betrachten sollte.

iv. Werkzeuge der Verwaltungen

Für eine raffinierte und seriöse Buchführung ist es wichtig, die notwendigen Transparenzen, Kontroll- und Überwachungsmöglichkeiten für eine gute Verwaltungs- und Buchführung zu schaffen.

In Artikel 23 der Geschäftsordnung des GIDHD heißt es: "Unbeschadet der Satzungsbestimmungen des Verbandes werden alle Haushalts- und Finanzvorgänge des Verbandes regelmäßig von Rechnungsprüfern geprüft, die vom Vorsitzenden des Lenkungsausschusses speziell für diese Aufgabe ernannt werden. In diesem Zusammenhang haben sie den Auftrag, die Bücher und die Richtigkeit der Inventare und Bilanzen sowie die in den verschiedenen Berichten an den Lenkungsausschuss enthaltenen Informationen über die Konten der Vereinigung zu prüfen. Zu diesem Zweck können sie Einsicht in die Bücher, den Schriftverkehr, die Protokolle und generell alle Aufzeichnungen der Vereinigung nehmen, ohne diese zu verlegen. Sie erstellen jedes Mal einen Bericht an den Vorsitzenden des Vorstands.

Unter Verwaltungsinstrumenten sind jedoch einerseits die

erheblichen mechanischen Mittel (qualifizierte Humanressourcen, z. B. Rechnungsprüfer, Buchhalter usw.) zur Durchführung einer rigorosen Verwaltung und andererseits die Dokumente und/oder Buchungsunterlagen zu verstehen, mit denen die Transparenz nachgewiesen werden kann[25]. Der Verein kann beispielsweise über folgende Dokumente oder Unterlagen verfügen: Kassenbuch, Rechnungsbuch.

v. Finanzielle Prüfung

Die Finanzprüfung erfolgt nach der Umsetzung und Durchführung des Aktionsplans der NGO. Die Verantwortlichen der Organisation werden aufgefordert, eine interne Finanzprüfung zu initiieren, um die Verwaltung der für die Durchführung des Projekts bereitgestellten Mittel zu klären. Das Ziel der Finanzprüfung ist es, vergangene finanzielle Fehler oder Missbräuche aufzudecken, um

die Täter bestrafen, um die nächste Finanzverwaltung zu verbessern.

KAPITEL III. BEOBACHTUNGEN: KRITIK UND AUSBLICK

1. Kritik

Die Entwicklung von einer einfachen lokalen Organisation, die heute das Zugpferd und das Licht der großen Nationen geworden ist, hat diese Entwicklung jedoch in der Nord-Süd-Führung geschmiedet. Die NGOs der Industrieländer sind zu glaubwürdigen und legitimen Vertretern ihrer Regierungen geworden.

Sie interessieren sich für alles, so dass die von den Vereinten Nationen aufgestellten Grundsätze der Nichteinmischung in die inneren Angelegenheiten eines Staates keine Gültigkeit mehr haben. So haben NGOs häufig die mangelnde Transparenz der Aktivitäten und Entscheidungsprozesse von Agenturen der Regierungszusammenarbeit kritisiert, doch auch innerhalb einiger NGOs sind dieselben Aspekte nicht immer klarer. Finanzielle Transparenz, Kohärenz der Maßnahmen vor Ort, Koordination zwischen den Akteuren der Entwicklungszusammenarbeit und das Eingeständnis früherer Fehler sollten nicht nur für die bilaterale Hilfe der Regierung gelten. Die Newsletter vieler NGOs berichten vor allem von Erfolgen, aber nur wenige erkennen an, dass

Entwicklungshilfe auch Misserfolge bedeutet, Projekte, die neu ausgerichtet werden müssen, und komplexe Beziehungen zwischen "Gebern" und der begünstigten Bevölkerung .[26]

Auf die eine oder andere Weise dienen seine NGOs unterentwickelten Ländern dazu, einen langen Weg zu Demokratie, Meinungsfreiheit, Rechtsstaatlichkeit und vor allem sozialem Wohlergehen zu beschreiten.

Überzeugt davon haben die kongolesischen NGOs dieses Unternehmen angenommen und ihre Augen auf den Westen gerichtet, um im Namen der Gedanken-, Meinungs- und Vereinigungsfreiheit (Artikel 22, 23 und 37 der Verfassung vom 18. Februar 2006 in der heute durch das Gesetz Nr.° 11/002 vom 20. Januar 2011 geänderten und ergänzten Fassung) Zuflucht zu suchen.

Diese Vision hat zu großen Bewegungen sozialer Forderungen zwischen Staaten und zivilgesellschaftlichen Organisationen in unterentwickelten Ländern geführt.

2. Die Perspektive

Die Perspektive wäre, dass die NRO im Norden in Menschen investieren, d.h. den Menschen von morgen aufbauen, der in der Lage ist, Arbeitsplätze zu schaffen, anstatt sich auf die Durchführung von Projekten zu konzentrieren, die in den meisten Fällen ohne ihre physische Präsenz bei der Durchführung nicht erfolgreich sind. Es ist zu bestätigen, dass die Methoden, die NRO aus dem Norden manchmal anwenden, um die Verwendung von Geldern durch ihre Partner-NRO im Süden zu "kontrollieren", schwerfälliger geworden sind und von einem Mangel an Vertrauen gegenüber diesen Partnern zeugen. Nach Ansicht einiger NRO müssen die Überwachungsmechanismen schlank sein, um die Partner-NRO nicht von ihrer eigentlichen Arbeit abzulenken und den bürokratischen Aufwand zu vermeiden, der mit der Erstellung von Finanzberichten, periodischen Berichten über laufende Projekte und Abschlussberichten über abgeschlossene Projekte sowie mit dem Empfang von Evaluierungsmissionen verbunden ist. Die immer genauere Überwachung des Projekts wird jedoch zunehmend von den Gebern im NORDEN[27] gefordert.

Denn diese Haltung kann den Aufbau einer besseren Zukunft, auf die wir hoffen, nicht ermöglichen. Daher plädieren wir für ein "Umdenken", um eine effektive und nützliche Grundlage für die Beziehungen zwischen

NGOs im Norden und Süden zu schaffen, damit die Herausforderungen der Armut in den Entwicklungsländern wirksam angegangen werden können.

Kurz gesagt, es wäre wichtig, einen Menschen zu schaffen, der die Verantwortung für die Zukunft seiner Gesellschaft übernimmt. Alles in allem sollte ein starkes Individuum geschaffen werden, das in der Lage ist, auf die spezifischen Probleme seiner eigenen Umgebung zu reagieren, und nicht nur ein Verwalter eines Projekts, das von Experten im Westen entworfen wurde.

Die Chance, dass die afrikanischen Länder aus ihrem Elend herauskommen, besteht vielleicht darin, dem Entwicklungsweg zu folgen, der von den NGOs im Norden vorgezeichnet wurde, denn die Arbeit der NGOs und der Vereinten Nationen hat neue Räume für den Dialog zwischen internationalen Organisationen, Staaten, Gewerkschaften, Unternehmen und NGOs in Bereichen wie der Förderung des fairen Handels, dem Kampf gegen Kinderarbeit und der Verbesserung der Arbeitsbedingungen eröffnet[28] .Es ist eine Welt, in die man sich im Chamäleonschritt und methodisch hineinbegeben muss, um der Falle des Imperialismus zu entkommen, der immer auf der Suche nach seinen Interessen ist. Daher müssen Vorsicht und Weisheit den kongolesischen Bürger bei der Suche nach seinem sozialen Wohlergehen leiten.

Es wäre wichtig und notwendig, dass die NGOs im Süden und insbesondere im Kongo die Vereinskultur, d.h. den Geist der "gemeinschaftlichen Entwicklung an der Basis", fördern. Doch alle mächtigen Nationen sind diesen Weg gegangen und unterstützen weiterhin Gemeindeverbände für die Entwicklung an der Basis. Der Gemeindeverband ist, so kann man sagen, die Gründung der geistigen Elite einer Nation, er fördert die kulturelle und demokratische Entwicklung der Bürger. Im Prinzip sollten die Parlamentarier aus der Zivilgesellschaft kommen, also aus den entwicklungspolitischen Gemeinschaftsverbänden, was darauf zurückzuführen ist, dass diese sich ausreichend mit den sozialen Daten vertraut gemacht haben. So würden sie von jeglichem Einfluss durch böswillige Lobbyarbeit, insbesondere durch Waffen, verschont bleiben.

Unsere Empfehlungen :

- Die sogenannten NGOs im NORDEN müssen den Menschen in den Mittelpunkt ihres Anliegens einer sozial-nachhaltigen Entwicklung stellen und;
- Das von ihnen initiierte Projekt zur nachhaltigen Entwicklung muss von der Gemeinschaft übernommen werden und nicht von den Leitern der Partner-NRO, die von den Experten der NRO aus dem NORDEN ausgewählt werden.

SCHLUSSFOLGERUNG

In den westlichen Gesellschaften erfüllen die NGOs auch eine grundlegende soziale Rolle als Transmissionsriemen von Solidaritätswerten, im Kampf gegen Ungerechtigkeiten und soziale Ungleichheiten... Aus diesem Grund sind wir von der Notwendigkeit einer ganzheitlichen und gemeinschaftlichen Entwicklung überzeugt, die die kongolesische Bevölkerung benötigt, und betrachten NGOs als angemessene Lösung für eine nachhaltige menschliche Entwicklung.

Die vorliegende Arbeit ist von wissenschaftlichem Interesse und stellt für manche ein didaktisches und pädagogisches Instrument für die ordnungsgemäße Ausarbeitung der Satzung und der Verwaltungsorganisation des Vereins mit der Bezeichnung "NGO" für diesen speziellen Fall einerseits und andererseits für das Umfeld, in dem sich der Leiter einer NGO bewegen muss, dar.

Die Leser finden in diesem Buch die genaue und vollständige Identität der NGO-Vereinigung (kurze Geschichte der NGOs, Entstehung und Leben des Begriffs NGO, Begriff und Definition des Begriffs NGO), die wesentlichen Elemente für die Gründung einer NGO-Vereinigung und schließlich die Beobachtungen, die wir als Juristen und Berater von NGOs gemacht haben. Diese Arbeit stellt unsererseits einen nicht zu vernachlässigenden Beitrag zum Kampf der kongolesischen NGOs für das "soziale Wohlergehen" der kongolesischen Bürger in ihrem jeweiligen Umfeld dar.

Bibliografie
I.   Gesetze

1. Die Verfassung vom 18. Februar 2006 in der durch das Gesetz Nr. 11/002 vom 20. Januar 2011 geänderten Fassung.
2. Die Charta der Vereinten Nationen vom 26. Juni 1945.
3. Das Gesetz Nr. 004/2001 vom 20. Juli 2001 über allgemeine Bestimmungen für gemeinnützige Vereine und Einrichtungen der öffentlichen Hand.
4. Ord loi N°66/344 du 09 juin 1966 relative aux actes notariés (Gesetz Nr. 66/344 vom 09. Juni 1966 über notarielle Urkunden).

II. Spezifische Handbücher und Artikel
1. Kurs zur Verwaltung von Kleinprojekten. Reihe 7: Wie man einen Finanzierungsantrag stellt, Inades-formation
2. GerrardPerroulaz. Die Rolle der NGOs in der Entwicklungspolitik: Stärken und Grenzen, Legitimität und Kontrolle. Schweizerisches Jahrbuch für Entwicklungspolitik (online), 23- 2/ 2004, online gestellt am 08. März 2010, abgerufen am 27. Juni 2017. URL:/httl://aspd. Reviews.org/446.
3. Samutondikevin, How to develop a project, axella&alvia ed 2013
4. Moise ipet ; wie man eine NGO oder einen Verein gründet ; éd, arc-en-ciel
5. Kinumnbi D. Volksbildung, idealer Weg zum Fortschritt: Die 20 Grundsätze der christlichen und sozialen Erzieher. Ed chrétien du livre. 4em trimestre. 2010.
6. Inades-Formation-Congo. Aider une organisation paysanne à s'auto-évaluer, inade-formation-Congo, dépôt légal n°3.0260- 7507. ED 2000
7. Inades-formation-Congo. Organiser une ONG, les Editions Inades-Formation-Congo, dépôt légal n°0662.9625.

111. Andere Dokumente und Informationsquellen

a) Die Satzung des Vereins, der NGO und/oder der gemeinnützigen Organisation

1. Die Satzung und die Geschäftsordnung der Zentrale für Initiativen zur nachhaltigen menschlichen Entwicklung, "CIDHD"/ASBL/ONGD. Nr. F92/21659. 2014

2. Die Satzung des Zentrums für Landwirtschaft, Viehzucht, Wohnen und Bildung, "CAELE", VoG/NGO, notarielle Urkunde Nr. 0594/2017

3. Die Satzung der Ligue de la Zone Afrique pour la Défense des Droits des Enfants, LIZADEL/ASBL, in der durch den Beschluss Nr. 002/LZDL/2008 vom 15. Juni 2009 geänderten Fassung.

4. Die Satzung von MAISHA ESPOIR ET VIE, "NGO-M.E.V", mit Sitz in av. haut Congo 154 BINZA IPN,

b) Webseiten

1. www.ritimo.org
2. www.cairn.info
3. www.unversalisDE
4. www.larousseDE
5. www.slideshare.nett

c) Reflexionsvormittage

1. Zusammenfassende Tabelle der zweiten Welle der Vormittage im Januar 2016

2. Vergleichende Tabelle der Antworten, die von den verschiedenen

Standorte, Februar 2016

63

Inhaltsverzeichnis

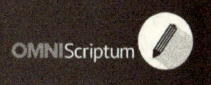

Printed in the USA
CPSIA information can be obtained
at www.ICGtesting.com
LVHW091633200224
772374LV00022B/187